SYLLABAIRE

DES

FAMILLES ET DES SALLES D'ASILE

EN

VINGT-QUATRE LEÇONS.

PARIS,
GRASSART, LIBRAIRE-ÉDITEUR,
3, rue de la Paix, et rue Saint-Arnaud, 4.
1860.

19675

SYLLABAIRE

DES

FAMILLES ET DES SALLES D'ASILE

EN

VINGT-QUATRE LEÇONS.

PARIS,
GRASSART, LIBRAIRE - ÉDITEUR,
3, rue de la Paix, et rue Saint-Arnaud, 4.
1860.

AVIS DE L'ÉDITEUR.

Ce syllabaire étant la propriété de l'auteur, nous poursuivrons toute contrefaçon, faite au mépris de ses droits.

GRASSART.

Les exemplaires non revêtus de la signature de l'auteur seront réputés contrefaits.

Strasbourg, Impr. de Vᵉ Berger-Levrault. — 347.

I.

1ʳᵉ LEÇON.

a	a	a	o	o	o
a	o	a	a	o	a

2ᵐᵉ LEÇON.

p – b

pa	pa	pa	po	po	po
pa	po	po	pa	pa	po

ba	ba	ba	bo	bo	bo
ba	bo	bo	ba	ba	bo

3ᵐᵉ LEÇON.

t – d

ta	ta	ta	to	to	to
pa	ta	po	to	ta	pa

| da | da | da | do | do | do |
| ba | da | bo | do | da | ba |

pas – pot – tas – bas – dos –
papa – dodo – tabac – bateau.

4ᵐᵉ LEÇON.

| a | ou | a | i | ou | i |
| a | i | ou | a | i | ou |

| pa | pou | pa | pi | pou | pa |
| ta | tou | ta | ti | tou | ta |

ou – pou – toux – doux –
pis – tapis – hibou.

5ᵐᵉ LEÇON.

m

a	m	o	m	i	m
ma	mi	ma	mou	mi	mo
ma	ta	ma	pa	tou	mou

ma – mou – mimi – ami – maman.

papa a dit : oui, oui
papa a dit : pas, pas.
ami papa – ami mimi.
oh ! dodo, maman ! oui dodo, dodo.

mimi a un dos doux, oui, oui
maman a un tapis doux : oui, oui.
papa a un bas : oui, oui.

6ᵐᵉ LEÇON.

f – v

a	e	o	é	u	é
é	u	a	e	é	u
f	a	v	u	f	v
fa	fé	fa	fu	fe	fu
fé	fa	fu	fi	fé	fe
fafa	fifi	féfé	fofa	fafu	fofo
va	vé	va	vu	ve	vu
vé	va	vu	vi	vé	ve

va – vous – vu – veau – vomi –
fi – faux – pavé – pavot –
avez-vous vu mimi? oui, oui.
papa a vu mimi.
maman dit : fi, fi, mimi a vomi.

papa a vu un petit veau.
maman a vu un petit hibou.
papa a vu dix pavots, dix pots.

7ᵐᵉ LEÇON.

a	oi	i	oi	ou	oi
poi	toi	foi	moi	voi	doi
ba	boi	va	voi	da	doi

boit – doigt – moi – toit – pois –

papa boit du thé – maman boit du thé – mimi boit – un petit veau boit – papa dit à maman : bois du thé.
maman m'a dit : oui, oui, bois dix fois.

un bas est à moi.
un petit pot est à toi.
un tapis est à maman.
un bateau est à papa.

papa voit un petit bateau.
papa voit un petit veau.
papa voit un petit hibou.

8me LEÇON.

l

la	lou	la	li	la	loi
fa	la	ma	la	ta	la
lala	lolo	loulou	lili	lala	lilou

loup – lit – falot – lavé – volé – filet – mal –

maman a mal.
maman boit du thé.
maman va au lit.
as-tu mal? oui, un peu.
où as-tu mal? au dos.
papa a mal au doigt.

---

voilà le bas de papa.
voilà le lit de maman.
voilà le dos de mimi.
voilà un petit pot de lait.

---

maman m'a dit: va, va,
petit ami, lave-toi là-bas.
voilà un pot d'eau.
il faut laver ma tête.

mimi lave le dos et les pattes.
mimi est beau.

9ᵐᵉ LEÇON.

s – ch – j.

sa	sou	sa	si	sa	soi
fa	sa	fo	so	fou	sou

cha	chou	cha	chi	cha	choi
chapo	chapi	chato	chamoi	chalé	chassé

ja	jou	ja	ji	ja	joi
va	ja	vo	jo	vou	jou

sabot – chapeau – château – fâché –
mouché – lâché – toussé – poussé –

voilà deux petits sous.

va acheter un joli chapeau à ta poupée.

maman, achète-moi aussi un chapeau.

oh! oui, ma fille, si tu es sage.

---

ah! il fait chaud!

papa a ôté habit et chapeau.

mimi a aussi chaud.

mimi peut-elle ôter sa pelisse chaude?

---

appelez papa; appelez maman.

émile m'a poussé.

oh! j'ai mal au pied.

il faut chasser émile.

maman dit: faut-il se fâcher tout
 aussitôt?
sois aimable, ma fille.
Le petit émile est tout désolé, tout
 affligé.

———

savez-vous, où va papa?
oui, je le sais;
papa va à la chasse aux chamois.
papa va à la chasse aux loups.
maman, aimes-tu aussi la chasse?
 non, ma fille.
maman aime mieux le dé, le fil, les
 ciseaux.

10ᵐᵉ LEÇON.

n

na	no	na	ni	na	noi
na	né	ni	na	nou	né
fané	fani	mani	mona	sani	soné

---

nez – noix – nous – nid – sonné –
béni – bonnet – moineau – tonneau –

---

ma poupée a un nez.
voilà le joli petit nez de ma poupée.
mouchez-vous, ma poupée.
vite, vite, dépêchez-vous.
ma poupée ne peut pas se moucher,
 elle a mal au nez!

---

maman, donnez-moi de l'eau.
maman, donnez-moi dix noix.

papa, donnez-moi un peu de bœuf.
papa, donnez-moi un peu de soupe.

---

il est midi. il est midi.
il a sonné midi !
venez dîner ! venez vite !
laissez vos joujoux !
levez-vous ! ôtez vos chapeaux !
papa bénit la soupe !

---

venez, venez, mes amis !
voici un joli petit nid !
ah ! venez toucher deux petits œufs
   tout chauds !
ne les volez pas !
voici la maman du joli nid.
elle appelle papa.

elle a peur de nous.
venez, venez, joli oiseau.
nous ne sommes pas des voleurs.
adieu, adieu, petis oiseaux !

11me LEÇON.

c – g – q.

ca	co	ca	cou	ca	coi
fa	ca	fo	co	fou	cou
café	coco	caché	cassé	couto	fouco

ga	go	ga	gui	ga	gué
gato	gaté	gouté	gola	gala	guimo

cou – couteau – cabas – café – gateau – canapé – qui – quoi –

voilà un bas de soie.
voilà beaucoup de bas de soie.
voilà un couteau cassé.
voilà beaucoup de couteaux cassés.
voilà beaucoup de café !

---

ah ! qui a fait ce beau gâteau de pommes !
c'est maman qui l'a fait.
venez goûter, mes amis, maman vous appelle.
qui va couper le gâteau ?
c'est aussi maman.
oh ! et du café, du chocolat !
bonne maman, donnez-moi un peu de gâteau.

bonne maman, donnez-moi une tasse de chocolat.

---

venez vite, maman.
le chat a volé le gâteau de papa.
il est allé se cacher sous le canapé.
ah! mimi, fi, fi, c'est mal de voler.
maman n'aime pas les voleurs!

---

savez-vous, qui a fait le joli canapé de madame?
oui, c'est un homme.
et qui a fait le cachet de papa?
c'est aussi un homme.
mais qui a fait les noix et les pommes?
oh! ce n'est pas un homme; c'est Dieu.

oui, c'est Dieu qui fait tout ce qui a de la vie.

12me LEÇON.

r

ra	ra	ro	ro	rou	rou
ra	roi	ra	ri	ré	roi
fara	pari	pori	mari	charoi	couru

rat – rabot – rateau – roi – souris – paris – mari – pourri – forêt.

le souper est servi; venez souper.
le dîner est servi; venez dîner.
voulez-vous de la soupe?
oui, un peu, ma chère maman.
voulez-vous un petit morceau de bœuf?

ou, cher papa.
merci papa. merci maman.

---

chut! chut! voici une petite souris!
elle veut ramasser des miettes de pain.
oh! ne la chassez pas!
la pauvre souris est toute affamée.
ah! sauvez-vous vite!
voici mimi qui arrive.
mimi n'est pas un ami des souris et des rats.

---

papa est parti pour Paris.
il arrivera mardi ou samedi.
aimerais-tu aussi aller à Paris?
oui beaucoup. Paris est une ville superbe.

ma sœur, papa t'a promis une jolie poupée aux cheveux noirs comme maman.

papa m'apportera un joli cheval de bois.

papa nous aime toujours beaucoup.

le petit charles fait plaisir à sa maman.

il obéit à papa.

il aime ses sœurs et ses frères.

aussi charles a un cœur heureux.

regardez ses yeux doux ! regardez-le doux sourire sur sa bouche.

oh ! heureux les sœurs et les frères qui s'aiment.

heureux les hommes qui aiment dieu.

dieu est amour.

II.

13ᵐᵉ LEÇON.

ape	ope	ape	ipe	ape	oupe
abe	obe	abe	ibe	abe	oube
pape	robe	rape	pipe	sape	coupe

ate	ote	ate	ite	ate	oute
ade	ode	ade	ide	ade	oude
pate	rode	rate	pite	sate	coude

ache	oche	ache	iche	ache	ouche
age	oge	age	ige	age	ouge
page	roche	rage	biche	sage	couche

la nappe — la râpe — la coupe — la soupe — la pipe — la guêpe — la robe — la tulipe —

la patte — la botte — la tête — la boîte — la commode — la pommade — la violette — la fourchette —

la hache — la vache — la mouche — la bouche —
le panache — la calèche — la bobêche — la perruche

14me LEÇON.

Voici un joli petit bouquet de violettes.
Papa a vu beaucoup de violettes sur le coteau.
Aimez-vous les violettes? oui, beaucoup.
Apporte ce joli bouquet à maman.
Merci, merci, cher petit ami.
Ah! que c'est beau, que c'est joli.
Apporte-moi vite un peu d'eau pour donner à boire à ces pauvres violettes.

Chasse ces vilaines mouches!
Elles nous piquent au nez et à la bouche.
Regarde ce pauvre petit veau; il a un air tout malade.
La vache lui lèche sa tête malade. C'est une grosse mouche noire qui l'a piqué.
Il faut acheter un peu de pommade pour soulager cette pauvre bête!

La petite Marie aime beaucoup les poupées.

Sa maman lui a rapporté une poupée toute neuve de Paris.

Marie a sauté au cou de sa mère et elle a poussé des cris de joie.

Venez voir la riche toilette de la poupée. Marie lui a fait une jolie robe de soie, des bas de soie roses, un chapeau de velours vert et un col au filet.

Marie la lève et la couche.

Marie la lave et la peigne.

Marie est la petite maman de sa poupée.

Écoute, Louis, as-tu été sage?

Ah! pas beaucoup, je le vois à ta figure.

Louis n'aime pas obéir à papa.

Il a une tête fort revêche: c'est dommage.

Du courage! du courage! ami Louis! sois fort comme un soldat. Chasse le mal! Dieu te donnera la force et la sagesse au cœur.

15me LEÇON.

ale	ole	ale	ile	ale	oule
male	mole	fale	file	chale	choule

ame	ome	ame	ime	ame	oume
rame	rome	dame	dime	lame	loume

ane	one	ane	ine	ane	oune
cane	cone	fane	fine	sane	soune

asse	osse	asse	isse	asse	ousse
ase	ose	aze	ize	ase	ouze
basse	bosse	rase	bise	tasse	douze

une balle — une malle — une poule — une ville — une chapelle — une échelle — une bouteille — une étoile —

une tasse — une basse — une rose — un vase — un carrosse — une saucisse — une chemise — une cerise —

une dame — un dôme — un homme — une pomme — un âne — une chaîne — une cabane — une couronne —

16ᵐᵉ LEÇON.

Le petit Paul a dit à papa :
Papa, je suis un petit cheval.
Regardez comme il galoppe! Il lève la tête haute comme un petit cheval arabe.
Papa lui avait acheté une jolie charrette. Mais Paul l'a déjà cassée.
Paul est quelquefois un peu vif et étourdi.
Et moi, dit le petit Émile, je suis un petit soldat.
Papa lui a fait un joli chapeau de papier et un petit fusil de bois. Aussi Émile lève sa tête haute comme un coq et il se fâche avec tous ses petits amis.
C'est mal. Il faut aimer ses amis.

Oh! quelle belle rose!
Qui vous a donné la jolie rose?

C'est ma bonne sœur Amélie.

C'est le jour de fête de maman; je lui donnerai ce joli bouquet de roses, de violettes, de lilas et de narcisses.

Oh! que ma bonne mère sera heureuse!

Je sauterai au cou de maman.

Je lui donnerai un baiser tout chaud.

Je dirai: ma bonne mère, je vous souhaite une heureuse fête, que Dieu vous bénisse!

Mimi est un joli petit animal.

Il a deux yeux vifs comme du feu.

Il a des pattes douces comme du velours.

Regardez, mes amis, mimi se lave la bouche et la tête.

Mimi fait toilette pour aller faire une visite de politesse à madame la souris.

Ah! jolie petite souris! méfie-toi des douces paroles de mimi. Méfie-toi des douces caresses de sa patte de velours. Souris, souris, ferme vite ta porte ou gare! gare! tu es perdue!

17ᵐᵉ LEÇON.

Marie, Amélie, Sophie, venez, venez, maman m'a dit d'aller ramasser des violettes.

C'est pour faire une tasse de tisane à ma petite sœur Emma.

La pauvre Emma est malade; elle tousse beaucoup.

Papa nous a dit que la tisane de violettes calme la toux.

J'ai pitié des malades. J'ai pitié de ma bonne sœur Emma. Venez, venez vite, mes amies!

Je te salue, belle étoile du soir! Oh! que ta lumière est douce à mes yeux!

Dis-moi, que vois-tu là haut?

Tu souris avec joie, tu ne pleures jamais!

Ah! vois-tu le paradis? vois-tu Dieu?

Oh! j'aimerais avoir des ailes et voyager avec toi, belle étoile du soir! As-tu vu ma petite sœur Émilie? Connais-tu ma bonne Émilie? elle est un ange de Dieu.

Salue ma bonne sœur.

Adieu, adieu, belle étoile du soir. Voici un nuage noir qui te cache à mes yeux. Adieu! adieu!

Pourquoi es-tu si pâle, ô belle lune?
N'aimes-tu pas regarder sur cette terre?
Parle, que vois-tu sur la terre?
Ah! tu vois des malades qui souffrent, et tu as pitié de nous.
Tu vois des pauvres qui pleurent, des malheureux qui gémissent!
Aimable lune, parle, que vois-tu ce qui te fait pâlir?
Oh! tu vois des hommes qui se couchent le soir qui ne prient jamais!
Tu vois des hommes qui volent et qui se cachent la nuit.
Oh! aimable lune, ne cache pas ta face! regarde, je prie à genoux le bon Dieu qui est au ciel.
Oh! je ne veux jamais voler ni le jour, ni la nuit. Dieu voit tout: Dieu est lumière!

18ᵐᵉ LEÇON.

afe	ofe	afe	ife	afe	oufe
ave	ove	ave	ive	ave	ouve
lave	move	chafe	sife	rave	couve

are	ore	are	ire	are	oure
dare	dore	lare	lire	fare	foure

ac	oc	aque	ique	ague	ougue
sac	coc	laque	lique	bague	dougue

aste	oste	asque	isque	aste	ousque
vaste	voste	masque	misque	caste	cousque

un bœuf — un cerf — une mauve — une rave —
un canif — une carafe — une girafe — une olive.

un ver — un cœur — un cor — une poire —
un canard — un renard — une lyre — un miroir.

un sac — un bouc — une bague — une baraque —
une veste — est — ouest — un masque — un casque.

Voici ma bonne mère qui arrive de la promenade.

Elle a l'air fatigué ; il a fait si chaud.

Maman baisse la tête comme un lis altéré de soif.

Oh ! je veux aller vite lui chercher une carafe d'eau fraîche à la cave.

Voici un verre ; bois chère mère et repose-toi sur le canapé.

Merci, merci ; je ne peux pas boire tout de suite. J'ai trop chaud !

Ah ! oui, je me rappelle l'histoire de Sophie !

Sophie était une petite fille comme moi. Elle s'était beaucoup amusée avec ses amies. Ses joues étaient rouges comme du feu et sa figure dégouttait de sueur comme un petit ruisseau.

Sophie était altérée de soif.

Hélas ! elle s'échappa de la cour pour aller boire un verre d'eau glacée.

La pauvre fille fut saisie de la fièvre et elle resta dix jours malade au lit.

Ah! quelle triste histoire! donne-moi un verre d'eau, ma chère fille; je n'ai plus si chaud!

Écoutez! écoutez! il sonne!
Voilà un, deux, trois coups! Il est trois heures.
Émile. Adieu, adieu, mes amis, il me faut partir.
Jules. Non, non, c'est dommage! il te faut rester et jouer avec nous.
Émile. Je ne peux pas. Ma mère m'a dit: petit ami, rappelle-toi, il faut revenir à la maison à trois heures.
Jules. Oh! il ne faut pas toujours écouter maman.
Emile. Fi, fi, c'est mal. Je ne veux jamais désobéir à ma mère. Maman nous aime et elle nous lit de si jolies histoires.
Jules. Oh! je n'aime pas lire à l'école; j'aime mieux jouer à la balle ou aux boules.
Émile. Adieu, adieu, mes amis. Voici maman qui m'appelle.

19ᵐᵉ LEÇON.

LA BASSE-COUR DE MARIE.

Marie est une aimable petite fille: donner c'est sa joie; aimer c'est sa vie. Elle n'a peur ni du froid, ni de la neige, ni de la pluie pour aller porter une assiette de bonne soupe aux pauvres femmes malades du village.

Et lorsqu'un pauvre homme frappe à la porte, elle court aussitôt appeler papa ou maman.

Mais Marie est aussi l'amie des petits oiseaux; elle les aime avec tendresse.

Lorsque Marie va à la basse-cour, les poules, les canards, les oies courent auprès d'elle et lui font les yeux doux.

Marie a toujours quelque chose à donner à ses petites amies qui la connaissent et qui sautent sur ses épaules pour becqueter sa tête et sa bouche.

Un renard avait fait sa demeure cachée près de la jolie basse-cour de Marie. Il aimait aussi les poules et les oies; mais pas comme la bonne Marie; car le renard est un animal rusé et vorace.

Un soir il imita la douce voix de Marie et alla appeler les poules, comme si elle voulait leur donner un petit goûter: venez, venez, mes amies!

Aussitôt les poules, les oies, les canards accoururent; le renard les saisit et les croqua les uns après les autres.

O pauvre Marie, quelle a été la douleur à la vue de ta basse-cour ravagée par le vol et par la mort!

UN RÊVE.

Louis. Maman, ah! si tu savais quel beau voyage j'ai fait cette nuit; et je ne suis pas du tout fatigué de ma course! Regarde maman, je n'ai pas mal aux pieds: Je suis léger comme un cerf des bois!

Maman. Bah! et où as-tu été, cher petit voyageur? peut-être à Paris? à Bordeaux? à Rome? à Genève?

Louis. Oh! non, non, ma chère mère; tu ne le devineras jamais. Écoute le joli rêve que j'ai fait:

Une douce voix est venue m'appeler par trois fois: Louis, Louis, Louis.

J'ai ouvert mes yeux. J'ai regardé tout étonné autour de moi pour voir la voix. J'ai vu à côté du lit une jeune fille belle comme ma petite sœur Émilie qui est au ciel.

Elle avait une couronne de lis et de roses sur la tête et un collier de belles perles autour du cou!

Oh! maman, qu'elle était belle avec sa robe de soie rose et avec ses boucles de cheveux dorés!

Un aimable sourire était sur sa bouche et ses beaux yeux bleus me regardaient avec amour.

Je lui disais: est-ce toi qui m'as appelé par trois fois? et pourquoi?

La belle jeune fille me sourit. Elle m'attacha deux ailes aux épaules et elle me dit : Ami, cher ami, venez, suivez-moi. J'ai volé plus haut que les alouettes et plus vite que les aigles. J'ai vu sous mes pieds les villes et les villages, la terre et la mer. Le cœur me battait de joie et d'espoir.

Nous arrivâmes à une haute et belle porte, d'or pur, gardée par douze jeunes filles.

C'était la porte de la cité de Dieu. La ville de Dieu est une ville de paix, où il n'y a ni deuil, ni larmes, ni cri, ni mort.

Les jeunes filles, vêtues de robes de laine pure comme la neige, avaient des harpes et faisaient une musique céleste.

Mille, mille voix répétaient : Dieu est amour ! Dieu est amour !

Une douce voix m'appela par trois fois : Louis, Louis, Louis.

J'ouvris mes yeux étonnés ! Ah ! petit rêveur, me dit papa, lève-toi, il est déjà tard !

20ᵐᵉ LEÇON.

an	on	an	in	on	in
an	un	in	on	un	an
ban	bon	van	vin	mon	min
dan	dun	fin	fon	lun	lan
chan	gan	ran	san	pan	can

un banc — un gant — une dent — un paon — un manteau — un jambon — un enfant — un éléphant —

un pont — un mont — un rond — un jonc — un cochon — un lion — un violon — un pantalon —

un pin — une main — un daim — un pain — un lapin — un moulin — un jardin — un raisin —

LE CANARI.

Holà! holà! petit canari! comme tu chantes joliment dans ta cage!

Dis-moi, mon ami, n'es-tu pas las de rester toujours en prison?

Qui donc t'a donné un cœur toujours content, toujours joyeux?

Vraiment, tu as un meilleur cœur que mon petit frère Henri.

C'est maman qui t'enferme dans ta cage et tu l'aimes, tu lui chantes pourtant de si jolies chansons!

Écoute les larmes de mon petit frère! Henri était si content ce matin, et maintenant il est tout éploré!

Henri n'aime pas rester enfermé dans sa chambre.

Pauvre Henri! il s'échappe souvent comme un voleur de la maison pour aller courir. Il désobéit à maman!

Ah! pour être content comme le petit canari dans sa cage, il faut bien aimer maman et obéir à papa.

LE PAPILLON.

Joli petit papillon aux ailes jaunes comme de l'or, où voles-tu si vite? Vas-tu aussi à l'école?

Oh! non, non, je suis assez savant. Il fait un si beau soleil ce matin. Je vais m'amuser dans la belle prairie verte; je volerai bien loin par les monts et les vallons.

Venez avec moi, petits enfants; vous vous ferez des bouquets de violettes et des couronnes de marguerites.

Bon voyage, joli petit papillon, adieu, adieu. Nous ne pouvons pas aller avec toi. Notre bonne maîtresse nous attend à l'école. Oh! viens aussi. Nous y chantons de si beaux cantiques. Sois sans peur. Nous ne te ferons pas de mal. Nous aimons admirer les belles couleurs que Dieu t'a données.

La cloche nous appelle, adieu, adieu.

12me LEÇON.

L'HIRONDELLE.

1.

Charmante petite hirondelle, te voilà de retour!

Oh! dis-moi, où as-tu pu rester si longtemps? pourquoi donc as-tu quitté ton joli petit nid? Avais-tu peur de l'hiver? peur de mourir de faim et de froid?

Ah! tu avais bien tort! regarde ce charmant petit cabinet que j'avais préparé pour toi! Non, non, tu n'aurais souffert ni du froid, ni de la faim avec moi! Il ne faut pas de méfiance avec ses amis!

Mais qui donc est allé te dire que l'hiver nous avait quittés? dans quel journal as-tu lu que le doux printemps était revenu dans le vallon?

Ah! je le sais, c'est le bon Dieu qui est dans le ciel. Il a soin des petits oiseaux sur la terre,

Oui, c'est le bon Dieu qui t'a parlé et tu connais sa voix douce comme le souffle du printemps.

C'est aussi Dieu qui t'a envoyée ici sous le toit de mes parents. Oh! n'aie donc pas peur de moi!

Je connais aussi ce Dieu d'amour. Sa voix me dit: petit enfant, ne tourmente pas les petits oiseaux; laisse les vivre en paix.

Charmante hirondelle, sois la bienvenue.

2.

Petite hirondelle, aux ailes noires, oh! pourquoi portes-tu toujours cette robe de deuil?

As-tu perdu une sœur, un frère, une amie? ou es-tu une pauvre orpheline, sans père et sans mère?

N'as-tu personne pour consoler ton cœur? pour essuyer tes larmes?

Oh! viens avec moi. J'ai une si bonne mère; elle sait consoler les malheureux. Maman aura pitié de toi.

Ne pleure plus! du courage! du courage! Regarde, moi aussi, petit enfant, j'ai beaucoup pleuré pendant ton long voyage. Je porte encore le deuil; mais mon cœur est calme et consolé.

Hélas! tu ne vois plus ma petite sœur, cette bonne et aimable Émilie qui te donnait tous les matins les miettes de son pain. Ah! si elle avait pu s'envoler avec toi pour aller se réchauffer au doux soleil du Midi!

Tout est si sombre en hiver! tout se fâne! tout meurt!

Ma bonne sœur était pâle et jaune comme une feuille fânée. Elle toussait jour et nuit; elle souffrait tant; mais elle me souriait toujours du fond de son petit lit.

Un matin je trouvai papa et maman tout en larmes à genoux auprès d'elle.

Ma sœur Émilie avait encore son sourire sur la bouche; mais son cœur ne battait plus; sa main blanche était glacée.

Émilie était montée près du bon Jésus, où elle chante des cantiques avec les anges du ciel!

Oh! petite hirondelle, ne pleurons plus! Confiance, confiance! bientôt nous reverrons dans le ciel frère, sœur, père et mère!

22ᵐᵉ LEÇON.

pla	plo	bli	blou	ple	bloi
fla	flo	fli	flou	fle	floi
cla	clo	gli	glou	cle	gloi
pra	pro	bri	brou	pre	broi
tra	tro	dri	drou	tre	droi
cra	cro	gri	grou	cre	groi

le plat — le blé — la table — la cible — le bras — la branche — l'arbre — le sabre — le flacon — le fléau — le soufflet — la pantoufle — le trépied — le drapeau — la montre — la lettre — le clou — le gland — la cloche — l'aigle — la croix — la cruche — le crapaud — la cravate.

Une semaine a sept jours.

Voici les noms des sept jours de la semaine.
Dimanche — Lundi — Mardi — Mercredi — Jeudi — Vendredi — Samedi.

Une année a douze mois.
Les douze mois s'appellent :
Janvier — Février — Mars — Avril — Mai — Juin — Juillet — Août — Septembre — Octobre — Novembre — Décembre.

Les quatre saisons de l'année sont : le printemps — l'été — l'automne — l'hiver.

23ᵐᵉ LEÇON.

LA PETITE SOURDE-MUETTE.

Oh! oh! le pauvre homme, s'écria Marie émue de pitié, en voyant s'approcher de la maison un pauvre aveugle conduit par sa petite fille. Ne jamais voir le beau soleil au ciel, quel malheur!

Toujours marcher dans les ténèbres, oh! quelle triste vie !

Marie s'en alla vite chercher sa bonne mère. Marie savait que maman aime les pauvres et qu'elle a compassion des malheureux.

Le ciel était sombre et le vent du Nord gémissait dans les arbres. Les deux pauvres voyageurs étaient transis de froid.

Venez avec moi dans la cuisine, mes amis, leur dit maman, en les voyant; il y a un bon feu pour vous réchauffer et je vous ferai faire une assiette de bonne soupe chaude.

Marie partit tout à coup comme une flèche. Elle monta vite dans sa chambre et choisit une bonne paire de bas de laine et une robe chaude pour la pauvre fille, qui grelottait de froid dans ses sabots et dans ses haillons.

La pauvre fille poussa un cri de joie; elle serra la robe et les bas sur son cœur et se jeta au cou de son père aveugle.

Pauvre enfant, dit-il, en touchant avec ses mains tremblantes ces vêtements chauds, si tu savais parler, tu dirais merci, bonne demoiselle. Mais hélas! quel malheur, d'être une pauvre sourde-muette!

Une sourde-muette! dit Marie, en serrant la main de sa mère! oh! la pauvre fille! elle n'a jamais entendu la douce voix de frère et sœur! elle n'a jamais pu appeler papa et maman à son secours; jamais chanter des cantiques, jamais prier le bon Sauveur! Quel malheur!

La bonne mère de Marie les accompagna jusqu'à la porte et elle leur serra la main: que Dieu vous garde et vous bénisse; bon courage, mes amis!

Marie les suivit avec ses yeux brillant de larmes de pitié et de tendresse.

Oui, mon enfant, lui dit la bonne mère à son retour dans la chambre; ils sont bien malheureux, ces pauvres petits sourds-muets! qu'ils sont à plaindre ces pauvres aveugles! Aimons-les, consolons-les jusqu'au beau jour où Jésus leur ouvrira les yeux et les oreilles dans le ciel!

LE JEUNE MISSIONNAIRE.

Mes chers enfants! allez préparer vos paquets! faites vos adieux! Nous partons ensemble pour un bien long voyage.

Où donc? à Paris? à Londres? en Suisse? en Allemagne? en Italie? en Russie?

Non, non, beaucoup plus loin.

Ah! je le sais, s'écria le petit Henri, papa veut nous conduire en Afrique chez les petits nègres, qui lui ont écrit une si charmante lettre.

Où est l'Afrique? au Nord ou au Sud, à l'Est ou à l'Ouest?

Allez me chercher le globe et je vous le montrerai.

Regardez, mes enfants: l'Afrique est au Sud.

Oh! c'est bien loin, et pourtant c'est là où nos petites hirondelles s'envolent passer l'hiver; car c'est un pays bien chaud.

Oh! je ne voudrais jamais quitter ma bonne mère, dit l'aimable petite Jeanne; j'aime mieux avoir froid, bien froid et rester avec maman.

Et moi, s'écria Joseph, je suivrai les hirondelles, quand je serai plus grand. Je m'en irai en Afrique et en Asie pour prêcher l'Évangile aux pauvres païens. Je serai un missionnaire comme Saint-Paul. Je casserai les idoles et je dirai à ces pauvres nègres : « il faut adorer un » seul Dieu, le Dieu vivant qui a fait le ciel et la terre. » Oh! que je serais heureux d'apprendre à lire et à écrire à ces petits nègres.

Et tu n'auras pas peur de ces hommes noirs? pas peur des lions, des tigres et des serpents de ce pays?

Non, non, ma sœur, je suis plein de courage. Je sais que Dieu protége les bons missionnaires;

et notre Dieu est un Dieu fort et puissant. Regarde sur cette image ce petit berger qui défend ses brebis contre un animal féroce! C'est David qui déchire la gueule d'un lion. Ah! David avait confiance en l'Éternel, et l'Éternel fortifiait son faible bras.

Eh bien, mes chers enfants, dit maman en souriant, en attendant que Joseph soit un peu plus grand, nous enverrons chaque année à Noël et à Pâques un joli souvenir aux petits nègres.

Vous, Jeanne et Marie, vous tricoterez des bas et vous ferez des chemises et des tabliers; et vous, Henri et Joseph, vous donnerez tous les dimanches un petit sou pour les missions.

Oui, oui, avec joie. Que Dieu bénisse ces bons missionnaires!

24ᵐᵉ LEÇON.

LE BON SAMARITAIN.

Vois-tu ce brave homme paisiblement assis sur son âne et chantant des cantiques de louanges !

Quel bonheur qu'il descende ce même chemin où est couché ce pauvre homme blessé. C'est Dieu qui l'envoie pour le sauver de la mort. Il aura pitié de lui : c'est le bon Samaritain.

Oh ! il ne passera pas outre comme le mauvais sacrificateur et le mauvais lévite. Voyez comme il presse les pas de son âne ! Il a entendu les pleurs et les gémissements de ce malheureux !

Ah ! méchants brigands ! comment avez-vous osé frapper cet homme de coups de poignard et couvrir sa face et sa poitrine de blessures et de sang !

Vous vous sauvez pour cacher votre crime !

2*

Oh ! l'œil de Dieu vous voit dans votre sombre caverne et les remords de votre conscience ne vous laisseront pas dormir en paix.

Courage, courage ! pauvre blessé ! voici un ami qui vient vous consoler et vous délivrer. Ouvrez vos yeux éteints et donnez la main à ce bon Samaritain.

Voyez qu'il est bon et prévoyant ! Il a les poches pleines de petits flacons de vin, de baume et d'huile. Il pense toujours aux malades et aux malheureux qu'il pourra rencontrer sur le chemin.

Et voyez comme il sait bien bander les plaies et calmer les souffrances ! Mon ami, dit-il, ne pleure pas, ne t'inquiète pas, je resterai avec toi, je te soignerai et te garderai comme mon frère.

Le pauvre blessé se sentant plus de force, il le soulève doucement et le place sur son âne. Il va le conduire dans une maison pour le coucher dans un bon lit chaud.

Avec quelle précaution ce brave âne marche en avant! Sait-il qu'il porte un malade? Aurait-il un meilleur cœur que le lévite!

Que Dieu vous accompagne, bons voyageurs! Les anges du ciel vous regardent avec des larmes de joie et ils vous portent sur leurs mains! Adieu, adieu, bon voyage!

LE BON BERGER.

Pauvre brebis perdue, que fais-tu seule dans ces montagnes sombres et désertes? Ne sais-tu donc pas que c'est la demeure des animaux féroces, des loups et des lions? Oh! pourquoi as-tu abandonné le bon berger qui te gardait avec tant d'amour? Oh! que tes frères et tes sœurs sont heureux de suivre sa voix. Il les appelle tantôt dans un riche pâturage pour apaiser leur faim, et tantôt à une fontaine limpide pour éteindre leur soif.

Pauvre brebis perdue! quel mal t'a-t-il fait, ce bon berger, pour le fuir?

Tu pleures! ah, n'est-ce pas, aucun mal.

Tu sens ta faute, tu as des regrets amers dans le cœur! Oh! tu sens son amour; viens donc, retourne au troupeau du bon berger.

Pourquoi hésiter? pourquoi attendre jusqu'au lendemain? De qui aurais-tu peur? Prends confiance; je connais le bon cœur du berger. Il n'est pas en colère contre toi! Oh! si tu savais combien il aime ses brebis! combien il est affligé de ta perte. Il te cherche partout. Il t'appelle: les montagnes et les vallons retentissent de sa douce voix. Non, non, ne crains pas; il n'est pas fâché contre toi; il ne te cherche pas pour te punir, mais pour te sauver de la mort. L'amour est dans son cœur et le pardon dans sa bouche. Viens, oh! viens!

Courage! courage! brebis perdue, tes sœurs t'attendent au bercail; elles espèrent en ton retour. Oh! si tu pouvais les entendre parler de toi, avec quel amour elles excusent ta faute; avec quelle confiance elles comptent sur ton repentir. Ne les couvre pas de confusion, ces bonnes sœurs : va te jeter dans leurs bras.

Mais qui est-ce qui accourt comme un chevreuil sur les collines? C'est le bon berger. Il a entendu tes pleurs; il a trouvé tes traces. Il a laissé son troupeau pour aller rechercher sa brebis bien-aimée. Oh! cours à sa rencontre et laisse-toi emporter sur ses épaules!

Écoute, écoute ces cris de joie, ces chants de triomphe : ce sont tes sœurs qui te souhaitent la bienvenue.

Je connais ce bon berger : c'est Jésus dans le ciel.

Oui, Jésus est le bon berger. Il nous aime comme un père aime ses enfants. Il nous garde dans ses bras comme une poule garde ses poussins sous ses ailes.

Jésus est le Dieu amour, sans Jésus la terre n'est qu'un sombre désert, un tombeau. Avec Jésus la terre est un paradis.

Les hommes étaient comme des brebis perdues. Ils n'écoutaient plus la parole de Dieu; ils désobéissaient à ses commandements. Aussi étaient-ils bien malheureux.

Leur vie n'était que tourment et douleur. Ils ne vivaient plus ensemble en paix comme des frères bien-aimés. Ils se trompaient et se volaient les uns les autres, ils se haïssaient et se tuaient. Le cri féroce de la guerre et de la mort faisait trembler les cœurs et la terre était couverte de ruines et de sang.

Jésus fut ému de compassion à la vue de ces malheurs. Les cris et les pleurs des hommes innocents touchèrent son cœur paternel. « Oh! mes pauvres enfants, que vous êtes malheureux; encore quelques jours de souffrance et je viendrai vous délivrer. »

Jésus n'a pas craint les menaces des méchants et les souffrances de la croix. Jésus est descendu du ciel sur cette terre ingrate. Il est venu pour nous sauver et il a lutté avec son bras tout-puissant contre Satan et les démons, contre le péché et la mort.

« Paix, paix, sur la terre, chantaient les anges à la venue du Sauveur. Et Jésus s'est écrié : Venez à moi, vous tous qui êtes chargés et affligés ; je vous soulagerai. Je porterai toutes vos langueurs et toutes vos infirmités. Venez à moi ! ne pleurez plus ! réjouissez-vous ! Dieu habitera parmi vous et vous serez son peuple. Il n'y aura plus ni cri, ni deuil, ni mort.

Les malades, les affligés, les pauvres, les aveugles, les sourds-muets, les boiteux, les paralytiques, les pécheurs ont écouté avec joie l'appel de Jésus. Ils sont venus se jeter à ses pieds, et sa main puissante les a guéris de leurs maux et délivrés de leurs chaînes.

C'est aux pieds de ce bon Jésus, que notre mère nous amène soir et matin. Maman nous confie à son amour et à sa providence, et elle n'est tranquille que lorsqu'elle nous a déposés par la prière entre les bras du Sauveur.

Jésus est notre berger et notre gardien. Il ordonne à ses anges de nous porter en leurs mains de peur que nous ne heurtions notre pied contre quelque pierre.

Allons, oh allons à Jésus, le Sauveur des hommes. Il nous appelle pour nous bénir et pour nous ouvrir le royaume du ciel.

« Laissez venir à moi les petits enfants, car le « royaume du ciel est à eux. »

STRASBOURG, IMPRIMERIE DE VEUVE BERGER-LEVRAULT.

www.ingramcontent.com/pod-product-compliance
Lightning Source LLC
LaVergne TN
LVHW020044090426
835510LV00039B/1397